Ísis Fabiana de Souza Oliveira

Flirter avec le grand méchant loup :

Ísis Fabiana de Souza Oliveira

Flirter avec le grand méchant loup :

La relation entre la naïveté et le mal dans la psyché des femmes contemporaines

ScienciaScripts

Imprint

Any brand names and product names mentioned in this book are subject to trademark, brand or patent protection and are trademarks or registered trademarks of their respective holders. The use of brand names, product names, common names, trade names, product descriptions etc. even without a particular marking in this work is in no way to be construed to mean that such names may be regarded as unrestricted in respect of trademark and brand protection legislation and could thus be used by anyone.

Cover image: www.ingimage.com

This book is a translation from the original published under ISBN 978-620-2-04839-2.

Publisher:
Sciencia Scripts
is a trademark of
Dodo Books Indian Ocean Ltd. and OmniScriptum S.R.L publishing group

120 High Road, East Finchley, London, N2 9ED, United Kingdom
Str. Armeneasca 28/1, office 1, Chisinau MD-2012, Republic of Moldova, Europe
Printed at: see last page
ISBN: 978-620-7-23903-0

INDICE

S'il n'y avait pas en nous quelque chose qui apprécie le grand méchant loup, il n'aurait aucun pouvoir sur nous. Il est donc important de comprendre sa nature, mais plus encore de savoir ce qui le rend attirant à nos yeux. Aussi séduisante que soit la naïveté, il est dangereux de rester naïf toute sa vie (BETTELHEIM, p 239, 2007).

INTRODUCTION

L'objectif de ce travail est de faire une analyse réflexive de la relation entre la naïveté et le mal dans la dynamique psychique des femmes. Pour ce faire, les différentes formes de contact avec ce mal et les conséquences de son déni seront présentées, en le comprenant comme une composante de l'ombre, c'est-à-dire comme quelque chose qui reste caché dans l'obscurité de l'inconscient, ou comme un animus négatif, une facette masculine interne et menaçante chez les femmes. Ceci en se concentrant spécifiquement sur la personnalité des femmes contemporaines et en traitant de la naïveté comme de l'inconscience, du déni ou de la répression des aspects "diaboliques" et "prédateurs" de la psyché, en utilisant la psychologie analytique de Carl G. Jung comme base théorique.

Quelques mythes et contes de fées feront partie de ce travail afin d'illustrer les questions mentionnées ci-dessus, puisque la psychologie jungienne est une approche qui se concentre beaucoup sur ces histoires mythiques. Pour Jung (1942/1987), les mythes sont l'expression de processus inconscients et ont pour fonction de réunir la vie instinctive et la vie rationnelle, c'est-à-dire l'inconscient et le conscient.

Les contes de fées, quant à eux, sont similaires aux mythes en ce sens qu'ils n'ont pas non plus de connotation morale et qu'ils présentent une description de la base humaine universelle. Comme le dit Silveira (1997, p. 119) : *"Les contes de fées trouvent leur origine dans les couches profondes de l'inconscient, communes à la psyché de tous les humains"*. Cette psyché profonde commune à tous, Jung l'a appelée "inconscient collectif", qui contient tout l'héritage spirituel de l'évolution de la race humaine qui réapparaît dans la structure cérébrale de chaque individu (JUNG, op. cit.). Les instincts et les archétypes font partie de ce corps psychique.

Les archétypes sont des prédispositions innées qui apparaissent dans la conscience sous la forme d'images, de modèles ou de motifs récurrents et universels qui présentent et symbolisent de différentes manières l'expérience humaine typique. Jung explique que l'archétype qui est déjà apparu dans la sphère consciente devient perceptible, en devenant par exemple une image archétypale - ou un symbole.

Whitmont (1998) souligne que le fait de percevoir ou non quelque chose comme un symbole dépend avant tout du point de vue de la personne consciente qui le contemple. C'est pourquoi Kast (2006) souligne que la personnalité de l'interprète interfère avec l'interprétation de l'histoire qu'il analyse, de même que chaque histoire touche une personne différemment d'une autre.

En d'autres termes, c'est dans ce contexte archétypal que se trouvent les mythes et les contes de fées, d'où leur intérêt pour la psychologie analytique. Selon Kast (2006), cette approche voit dans les contes de fées des représentations symboliques de problèmes communs à l'ensemble de l'espèce humaine, tout en présentant des moyens viables de résoudre ces problèmes. Le langage symbolique des contes serait alors le médiateur entre le monde interne (inconscient, imaginaire et mystérieux) et le monde externe (le domaine de la réalité dans lequel la vie se déroule).

Les contes qui seront présentés dans cette recherche concernent des personnages féminins mythiques tels qu'Eve, Lilith, Bela de "La Belle et la Bête", le Petit Chaperon Rouge et Nina du film Black Swan, qui, dans leur contact transformateur avec le mal, illustrent différentes résolutions et échecs découlant de cette approche. De même, je parlerai des prédateurs, kidnappeurs, démons et bêtes rapportés dans les contes et les mythes qui ne sont que des projections du "prédateur psychique" lui-même présent dans les personnages féminins de ces histoires.

C'est un sujet important pour aider les femmes, dans leur vie réelle, à comprendre pourquoi elles attirent dans leur destin des figures masculines destructrices comme Barbe Bleue et le Grand Méchant Loup, et quel est le

4

but de la rencontre avec ce type de personnalité pour leur croissance psychique, leur processus d'individuation. Ou que, d'une autre manière, ils ne se manifestent pas si clairement dans la vie quotidienne de la femme, mais à travers ses rêves et ses fantasmes pleins de malveillance qui perturbent son bien-être.

Il convient de préciser que, comme tous les récits mythiques, ceux mentionnés ici présentent le féminin comme un archétype, puisque, comme nous l'avons vu, il s'agit du langage originel des mythes et des contes de fées. Ainsi, ils peuvent être compris à la fois du point de vue du féminin intérieur de l'homme et comme se référant aux femmes contemporaines dans leur voyage héroïque vers la totalité de leur personnalité. Toutefois, cette recherche s'efforcera de mettre spécifiquement l'accent sur cette dernière possibilité.

Qualls-Corbett (2005) souligne la perte de certains aspects essentiels de l'archétype du féminin chez les femmes d'aujourd'hui, qu'elle appelle "archétype de la déesse", et qui concernent la vie instinctive et renvoient à la beauté, au contentement de la vie et de la nature, à la créativité et à la canalisation de la sexualité et de la spiritualité. Cette perte favorise la stérilité de la vie, limite le développement psychique et reporte dans l'inconscient des éléments importants de la personnalité. Cette relégation dans l'ombre de parties vitales de la personnalité mine une grande partie de l'énergie consciente, qui commence à se concentrer sur ces éléments, en leur donnant de la force et en leur attribuant le caractère de quelque chose d'inconnu, d'effrayant, de dangereux, qui, précisément parce qu'il "aspire" leur énergie, est perçu comme quelque chose de prédateur et de démoniaque.

Le mal est ainsi créé. Il est intérieur, mais généralement perçu comme extérieur, et il aura son apparence et son intensité correspondant à la véhémence avec laquelle vous essayez de le nier. Et le nier, c'est vouloir rester dans une position d'innocence et de vulnérabilité face à la vie.

Au vu de ces considérations, la question suivante se pose : quels sont les liens entre la naïveté et le mal agir dans la dynamique psychique des femmes dans une perspective jungienne ?

Dans les chapitres suivants, je tenterai de répondre à cette question en analysant le soutien théorique que la psychologie jungienne offre pour comprendre cette relation, les possibilités d'intégrer le mal dans les expériences des femmes et les contributions que les contes de fées et les mythes peuvent apporter à l'identification des aspects naïfs et sombres présents chez les femmes d'aujourd'hui.

L'objectif principal de cette recherche est de réfléchir à l'importance de l'intégration du mal dans le processus d'individuation des femmes contemporaines. Plus précisément, elle vise à décrire les conséquences internes et externes de la polarisation sur les aspects naïfs ou sombres de la personnalité dans le processus d'individuation des femmes, ainsi que les possibilités d'intégrer le mal dans ce processus, tout en comprenant la manière dont la dynamique du féminin dans sa relation avec le mal est présentée dans les mythes et les contes de fées.

Avec cet ouvrage, j'espère apporter au lecteur une compréhension plus claire de la psychologie analytique jungienne dans sa conception du mal, en montrant comment les différentes manières de l'aborder interfèrent avec le processus d'individuation de la femme. Ce mal réside principalement dans l'ombre, dans cet endroit de la psyché où réside l'inconnu, le non-conscient, et que la tâche d'apporter la lumière de la conscience à cet aspect est une étape prometteuse dans le développement de la personnalité. C'est aussi l'une des étapes les plus importantes de la psychothérapie, et l'une des plus difficiles.

Hilmann (2004) parle de "guérison de l'ombre" et dit que pour ce faire, nous devons d'abord reconnaître ce qui a été refoulé. Il considère la guérison de l'ombre comme un problème d'amour, car, selon lui, "jusqu'où ira cet amour pour tout ce qui est désagréable et pervers en nous" (p. 79). Ainsi, l'ego, notre Moi personnel, est amené à regarder directement ses démons intérieurs et à les accepter comme des parties de lui-même, en ayant de la compassion pour ses faiblesses et en les reconnaissant comme aussi importantes que ses qualités. Ainsi, correctement acceptées et accueillies, les figures d'ombre désagréables présentes dans notre psyché ne constituent plus une menace, car nous les connaissons déjà et savons comment les gérer.

Il est important de souligner que les considérations sur le mal dans cette recherche, qui s'adressent spécifiquement au genre féminin, ont été faites avec l'intention particulière de dissiper les doutes concernant le propre développement psychique de l'auteur en tant que femme. De cette manière, ce travail vise à susciter des réflexions sur la dynamique de l'intégration du côté "mauvais" chez les femmes, présent dans l'ombre et dans l'animus négatif, et sur leur manière d'agir dans l'environnement extérieur lorsque ces aspects sont ignorés.

Les chapitres suivants expliqueront plus en détail ce que sont l'ombre et l'animus, comment ils agissent dans la psyché et comment ils contribuent à la compréhension de la personnalité dans son ensemble. Nous expliquerons également ce qu'est la "naïveté" dont il est question ici, quelles sont ses caractéristiques, ses avantages et ses inconvénients pour le développement psychique des femmes, et nous détaillerons les conceptualisations psychologiques du féminin.

À cette fin, la méthodologie de l'examen de la littérature a été utilisée, ce qui, comme l'expliquent Silva et Menezes (2005), se réfère à la base théorique que le chercheur adoptera pour aborder le sujet et le problème de la recherche. Dans ce processus, la recherche est développée en structurant un cadre théorique soutenu par une analyse de la littérature sélectionnée pour le sujet. Ainsi, différents auteurs seront utilisés pour fournir la base théorique de la discussion présentée ici et pour répondre à la problématique proposée.

Le discours théorique s'articule autour de quatre chapitres, dont le premier explique le point de vue de la psychologie analytique sur les mythes et les contes de fées, la manière dont ils sont interprétés et clarifie certains concepts du modèle psychique proposé par Jung. Le deuxième chapitre, intitulé "Faire face au mal : à quoi ressemble-t-il ?", aborde la question de l'ombre, en expliquant ce qu'elle est et en la reliant au symbolisme du mal, du diable et du grand méchant loup, en faisant quelques considérations sur le féminin dans ses rapports avec le mal, en l'analysant également comme l'animus négatif de la femme.

Le troisième chapitre, à son tour, traite de ce qu'est la naïveté chez les femmes, de son utilité psychique et de ses caractéristiques lorsqu'elle est polarisée dans la conscience, ce qui conduit à l'archétype de la Puella, l'"éternellement jeune". Enfin, dans le dernier chapitre, je résume comment les récits mythiques illustrent par des symboles ce qui a été expliqué ici en théorie.

SUR LA PSYCHOLOGIE ANALYTIQUE ET LES NOUVELLES

> Obscurément, l'homme sent que des événements se déroulent au plus profond de lui-même. Ce sont ces résonances qui rendent les contes de fées éternellement fascinants (SILVEIRA, 1997, p. 106).

Tout comme les mythes, les contes de fées existent depuis de nombreux siècles avant Jésus-Christ, et leur origine et leur diffusion dans le monde entier font l'objet de nombreuses recherches et enquêtes. Quel que soit le temps qui passe, la fascination qu'exercent les contes de fées et les mythes sur les adultes et les enfants reste inchangée, car ils ont une essence de vérité qui touche les profondeurs de l'âme humaine et qui fait que les gens s'identifient d'une manière ou d'une autre à certains aspects de ce qui est évoqué dans l'intrigue magique de ces histoires.

Parmi les possibilités d'origine des contes de fées, Coelho (2003) suggère que la question de la migration des peuples et de la transmission de la culture explique en partie pourquoi, dans des sociétés qui n'avaient apparemment aucun lien les unes avec les autres, il existe des contes qui sont si semblables les uns aux autres. C'est le cas par exemple de la culture celtique qui, au milieu des années 2000 avant J.-C., s'est répandue en Europe et au Moyen-Orient, diffusant la culture des fées et des femmes surnaturelles. Von Franz (1985) indique également que la dégénérescence des mythes, des doctrines religieuses et même de la littérature, qui ont acquis leurs propres titres et ont été transmis en tant que contes individuels, est probablement à l'origine des contes.

Même si nous considérons que les possibilités précédentes sont valables, l'autre explication de ce phénomène, qui est psychologique, est celle qui constitue la base de la compréhension des contes de fées et des mythes dans l'approche jungienne, puisqu'elle se réfère à la théorie des archétypes, des symboles et de l'inconscient collectif de Carl Gustav Jung. Voz Franz, qui a été un important diffuseur des préceptes jungiens et a beaucoup contribué à l'étude des contes de fées, explique qu'une histoire a toujours pour origine un noyau parapsychologique ou des rêves, et que si elle contient un contenu typique de la culture locale, elle a tendance à s'étendre et à se répandre (VON FRANZ, 1985).

Ce "noyau" décrit par Von Franz serait un archétype. Les archétypes sont des prédispositions innées qui apparaissent dans la conscience sous la forme d'images, de modèles ou de motifs récurrents et universels qui présentent et symbolisent l'expérience humaine typique de différentes manières. Jung (1934/2008) a postulé que chaque individu est un être unique, doté de caractéristiques particulières, mais dont la personnalité est également constituée d'aspects collectifs. Pour Jung (1916/2011), ces aspects de la psyché correspondent au concept biologique de *modèles de comportement* - des dispositions inconscientes, qu'il a appelées archétypes, qui se présentent à la conscience sous la forme d'images ou de symboles. Selon Whitmont (1998), un archétype est quelque chose de primitif qui se répète et s'imprime dans l'âme, formant la base de l'inconscient collectif.

Une explication plus détaillée de ce qu'est l'inconscient pour l'approche jungienne s'impose. L'inconscient est défini par Jung (1942/1987) comme l'ensemble des phénomènes psychiques qui n'ont pas la qualité de conscience. En d'autres termes, les contenus qui n'ont pas une valeur énergétique suffisante pour franchir le seuil de la conscience. Il distingue l'inconscient en deux parties : l'inconscient personnel et l'inconscient collectif (ou super-personnel).

L'inconscient personnel est une couche entièrement constituée d'éléments personnels et de composantes de l'intégrité de la personnalité humaine. Il contient ce que Jung a appelé des contenus "faibles" (en dessous du seuil de conscience) ainsi que des refoulements, des impressions gênantes et des souvenirs perdus. Il est utile de préciser que ces éléments peuvent venir plus facilement à la conscience, caractérisant une inconscience relative et donc

10

également appelée subconscient.

L'inconscient collectif, quant à lui, est considéré comme une énergie psychique qui agit en permanence et qui a un caractère universel plutôt qu'individuel. En d'autres termes, les processus inconscients hérités - instincts et archétypes - se répètent partout de manière uniforme et régulière. L'inconscient collectif contient tout l'héritage spirituel de l'évolution de la race humaine qui refait surface dans la structure cérébrale de chaque individu (JUNG, 1942/1987).

Ainsi, parce qu'il est un élément psychique constitutif de l'inconscient collectif, l'archétype lui-même est latent, non actualisé, et donc non perceptible (WHITMONT, 1998). Il ne détermine rien, il n'y a que des effets (symboles) qui peuvent être générés à travers lui. En d'autres termes, l'archétype ne devient perceptible que lorsqu'il apparaît dans la sphère consciente, en devenant, par exemple, une image archétypale - ou un symbole.

Silveira (1997) souligne que toute image archétypale n'est pas un symbole en soi. Le symbole n'est jamais totalement abstrait, mais il est en même temps "incarné", c'est-à-dire qu'il se manifeste toujours sous la forme de processus qui peuvent être représentés, ou même de figures, d'images et d'objets. C'est dans la relation entre l'archétype et l'ego que le symbole est produit et, par conséquent, on peut dire que l'archétype ouvre des possibilités tandis que l'ego les ferme. C'est pourquoi Whitmont (1998) souligne que le fait de percevoir ou non quelque chose comme un symbole dépend avant tout du point de vue du conscient, du Soi, qui le contemple.

Par conséquent, en ce qui concerne les contes de fées, Kast (2006) souligne que la personnalité de l'interprète interférera avec l'interprétation du conte qu'il analyse, de même que chaque conte touchera une personne différemment d'une autre. Et, comme l'ajoute Bettelheim (2007), la même histoire peut aussi toucher différemment la même personne à différents moments de sa vie, renvoyant toujours à de nouvelles significations subjectives. Par conséquent, en s'exprimant dans un langage symbolique, les mythes et les contes de fées atteignent en quelque sorte le cœur de l'essence humaine et renvoient à une profonde connaissance de soi, même si l'on n'en est pas conscient.

Pour Coelho (2003), les rois, reines, princes, princesses, sorcières, fées, objets magiques, dragons, trésors, aventures et mésaventures des contes de fées sont, par essence, des archétypes et des symboles qui montrent la prédisposition innée de l'être humain à se comporter, à concevoir et à faire face à des situations bonnes ou mauvaises dans sa vie terrestre normale. Selon l'approche jungienne, la fonction principale des contes est la recherche de l'intégrité, de la complétude de l'être, et le Soi est responsable de cette fonction.

En ce qui concerne cet élément, Jung (1942/1987) affirme que le *Soi est* l'archétype primordial de la personnalité, puisqu'il est au centre de l'inconscient collectif et qu'il est l'instance psychique capable de réunir le conscient et l'inconscient ; le noyau et la totalité inconditionnelle de la psyché. Le Soi est le grand guide et organisateur de la personnalité, et lui seul la connaît dans son ensemble. L'ego reste connecté au Soi, mais étant le centre de la conscience, il ne connaît qu'une partie de cette personnalité. Selon Jung (op. sit.), la psyché humaine passe sa vie à chercher l'accomplissement de son âme, l'accomplissement de la personnalité dans son ensemble, son vrai et complet Soi. Jung a appelé cette recherche le "processus d'individuation", au cours duquel le moi élargit progressivement sa conscience, prend conscience de son inconscient et se rapproche ainsi de plus en plus du Soi.

D'où l'importance des contes de fées et des mythes car, selon Von Franz (1990), à travers les personnages et les événements de ces histoires mythiques, des expériences archétypales sont revécues, ce qui favorise la connaissance de soi et la réalisation du Moi total. L'auteur poursuit en expliquant que différents contes de fées renvoient à différentes facettes de l'expérience archétypale humaine, de sorte que dans certains contes, la question de l'ombre est mise en exergue ; dans d'autres, il s'agit de l'expérience de la *coniunctio*, c'est-à-dire de l'anima et de l'animus, ainsi que des images parentales qui les sous-tendent (comme nous le verrons plus loin). Dans d'autres histoires, c'est la recherche ardue d'un trésor inaccessible qui sera mise en avant, ce qui renvoie aux expériences les plus centrales de la psyché. Il est important de comprendre, cependant, que tous les contes sont valables de la même manière, car il n'y a pas de "hiérarchie archétypale" dans la psyché, ils font tous partie de l'inconscient collectif et agissent dans le même but de rapprocher l'ego du Soi.

Von Franz (1990) ajoute également que lorsque différentes personnes interprètent le même conte selon leur propre point de vue, des aspects individuels émergent, comme une sorte de confession subjective. En ce qui concerne l'interprétation psychologique des contes de fées, cette auteure estime qu'il est essentiel d'avoir une connaissance générale des archétypes. Pour elle, sans la "lanterne" de la connaissance archétypale, les aspects essentiels du conte ne seront pas éclairés par la conscience et ne seront donc pas perçus.

L'auteur souligne que les contes de fées sont un pattern, un modèle qui vise à illustrer certaines structures du fonctionnement collectif humain, et qu'ils ne fournissent donc pas de résolution finale et absolue. Leur "happy end" est incomplet - aussi satisfaisant soit-il à première vue - car le conte ne vise qu'à montrer comment la libido circule dans la psyché, sans jamais se refermer sur elle-même (VON FRANZ, 2010).

Selon Von Franz (1990), certaines questions clés permettent d'analyser l'histoire : "Cette interprétation a-t-elle un sens pour moi ? Est-elle satisfaisante ? Qui sont les personnages principaux ? À quels archétypes et symboles se rattache-t-elle ? Quels sont les sentiments et les émotions présents dans l'histoire ? À quelles situations de la vie est-elle associée ? Comme le souligne Kast (2006), l'interprétation des contes de fées doit au moins stimuler la réflexion ou révéler des contradictions. En tout état de cause, il n'existe pas de manière "correcte" de les interpréter, car cela dépend de la satisfaction subjective que chacun retire de l'analyse du conte.

Afin d'élargir cette satisfaction subjective, certains contes seront également analysés dans le chapitre VII du point de vue de la psychanalyse, ce qui, selon Bettelheim (2007), corrobore la position jungienne selon laquelle d'innombrables interprétations des contes peuvent être aussi pertinentes les unes que les autres. Selon cet auteur psychanalyste, les contes de fées contiennent une "richesse et une profondeur (...) qui dépassent de loin ce que l'examen le plus minutieux (...) peut en extraire" (p. 29).

D'un point de vue psychologique, les mythes sont très proches des contes de fées et seront également utilisés dans ce travail, comme le mythe d'Eve et de Lilith, par exemple. Selon Jung (op. cit.), les mythes, comme les contes de fées, sont l'expression de mécanismes inconscients qui, par leur langage symbolique, s'adressent directement aux instincts du destinataire du mythe, rapprochant ainsi l'inconscient de la conscience. C'est précisément parce qu'il traite de la vie instinctive que le mythe n'est pas concerné par l'éthique ou la morale. Il est toujours collectif et se réfère à une création - de l'existence, d'un comportement, d'une institution, du soleil, de la lune, etc.

Faisant la différence entre les contes de fées et les mythes, Von Franz (1985) affirme que les contes de fées reflètent l'anatomie psychologique de base de l'homme bien plus que les mythes et les productions littéraires. Elle explique que les mythes font généralement référence à la civilisation dans laquelle ils s'inscrivent, apportant des aspects de la culture, des croyances et de la politique des peuples qui les racontent, qu'ils soient grecs, égyptiens, babyloniens, etc. Le conte de fées, quant à lui, est plus "dépouillé" de ces éléments, il peut donc mieux migrer et s'adapter à n'importe quelle population, ce qui a un sens pour tout le monde. Cependant, Von Franz (1985) souligne que dans les deux cas, il est possible de percevoir les éléments archétypaux présents et donc de connaître les complexes structurels de l'histoire, en observant les solutions et les chemins présentés.

Par conséquent, il convient de préciser que les mythes et les contes de fées sont des aides importantes pour entrer en contact avec l'inconscient par le biais du langage métaphorique des symboles, et qu'ils seront tous deux utilisés pour illustrer la théorie présentée ici. Cependant, pour corroborer la pensée de Von Franz mentionnée plus haut, les contes de fées seront davantage mis en avant dans l'explication de la théorie car ils illustrent le contenu psychique de manière plus succincte et plus claire. Bettelheim (2007) soutient également ce point de vue, car il considère que les contes de fées ont pour caractéristique de décrire un dilemme existentiel de manière concise et directe. Selon cet auteur, le conte de fées simplifie toutes les situations, en décrivant ses personnages de manière très claire, en montrant au lecteur toutes leurs caractéristiques, bonnes ou mauvaises.

En ce qui concerne le contenu du "mal" dans les contes de fées, l'auteur susmentionné critique les contes modernes pour enfants qui l'ont supprimé, empêchant les enfants d'entrer en contact avec cet élément inhérent à leur nature et le reléguant dans l'inconscient, ce qui peut l'amener à prendre de la force et à émerger plus tard d'une manière inappropriée. Selon cet auteur, il est primordial de conserver la forme originale des contes car le mal fait autant partie de l'histoire que la vertu, démontrant que le bien et le mal sont omniprésents dans la vie et dans l'homme, faisant partie de son essence.

Tout comme le mal a été supprimé des histoires racontées aux enfants, les adultes tentent également de supprimer le mal de leur personnalité, en le considérant comme quelque chose de totalement étranger, en le projetant sur le monde et en essayant de s'en éloigner. Chez les femmes, cette attitude les conduit à rester comme les jeunes filles des contes, naïves et vulnérables face aux adversités de la vie, sans se rendre compte que plus elles nient leur côté sombre, plus il ressort. C'est ce que nous verrons dans le prochain chapitre.

FAIRE FACE AU MAL : A quoi ressemble-t-il ?

> Toutes les créatures doivent apprendre qu'il existe des prédateurs. Sans cette connaissance, une femme ne pourra pas se déplacer en toute sécurité dans sa propre forêt sans être dévorée. Comprendre le prédateur, c'est devenir un animal mature, peu vulnérable à la naïveté, à l'inexpérience ou à la bêtise (ESTÉS, 1994, p. 65).

La peur du mal est naturelle et intrinsèque à chacun. Cependant, le fait d'en parler d'un point de vue psychologique atténue cette peur en nous faisant comprendre qu'il ne s'agit que d'un autre des nombreux personnages présents dans notre psyché, dans notre histoire privée et subjective.

Jung (1942/1987) explique que lorsque l'individu s'éloigne en quelque sorte de l'inconscient en le refoulant, celui-ci va "l'attaquer par derrière", en émergeant de façon autonome et inconfortable pour le moi. Et la partie de la personnalité qui a été refoulée, réprimée, au détriment du "moi idéal" a été appelée "ombre" par Jung. En d'autres termes, c'est l'ego qui postule comme négatives toutes les caractéristiques de la personnalité qu'il n'aime pas et ne veut pas voir présentes dans sa conscience, formant ainsi l'ombre, mais celle-ci n'est en soi ni bonne ni mauvaise, ni plus ni moins précieuse que n'importe quel autre contenu de la psyché. Comme tous les phénomènes qui résident dans l'inconscient, l'ombre se retrouve à travers les rêves, les fantasmes ou la projection, qui se dépose dans l'Autre et dans la vision que l'on en a (WHITMONT, 1998).

Von Franz (1985) souligne cependant que cette vision de l'ombre comme un élément de la psyché lié au complexe du moi, qui pourrait lui être ajouté mais qui, pour une raison ou une autre, ne l'est pas, n'est qu'une vision partielle. L'auteur cite une phrase de Jung dans laquelle il s'exclame que "l'ombre est tout simplement l'ensemble de l'inconscient" (p. 11). En d'autres termes, c'est tout ce dont l'ego n'a pas conscience et qui est constitué de substrats personnels et collectifs.

L'ombre collective renvoie à la dualité du Moi qui, parce qu'il est un archétype, met sous le même poids les aspects de l'ombre et de la lumière, de la mort et de la vie, du bien et du mal, sans distinction de valeur. De ce point de vue, O'Kane (1999) comprend l'ombre comme le côté sombre, pervers et irrationnel du Moi, qui peut se révéler tant au niveau personnel que collectif.

Hilmann (2004), à son tour, relie directement l'image du Diable à cette ombre chthonique, inhérente au Soi, car il s'agit d'une entité archétypale obscure qui réside dans les profondeurs hivernales de notre inconscient. Démon, "dâimon", dans l'antiquité grecque, désignait simplement une divinité inférieure, bonne ou mauvaise. C'est dans ce sens grec que Jung utilise le terme dans sa littérature.

Corroborant la pensée de Hilmann, pour Fuentes (1997), l'image du Diable est archétypale, inhérente à l'inconscient, et se manifeste à travers les complexes, qui sont les affections autonomes de l'âme, déconnectées de la conscience et observées uniquement à travers les symboles. En d'autres termes, nous ne pouvons pas considérer l'existence de la figure du Diable en soi, mais plutôt l'analyser comme un phénomène psychique résultant d'une projection de l'expérience émotionnelle.

Ainsi, comme tout contenu inconscient refoulé, le Diable, symbole de l'aspect maléfique de la nature humaine, de l'ombre personnelle et collective, prend forme et pouvoir à mesure que le "bon" côté est polarisé. Selon Fuentes (1997), le Diable n'est pas mauvais en soi, mais il prend cette forme dans l'ombre de l'individu si l'une des puissances archétypales inconscientes est prise à tort comme absolue, comme une totalité psychique, sans tenir compte des autres.

La solution, selon Hilmann (2004), serait l'intégration consciente de ce mal dans l'ensemble de la personnalité. Pour reprendre les termes de l'auteur :

> Ce n'est pas dans notre ombre que la force du diable grandit, mais dans notre lumière.

> Il gagne lorsque nous nous déconnectons de notre obscurité... Ainsi, la meilleure protection n'est pas le renforcement du bien et de la lumière, mais la familiarisation avec notre ombre et notre aspect diabolique (p. 96).

O'Kane (1999) souligne que l'ombre ne peut pas être "intégrée" dans le sens où elle cesserait d'exister ou perdrait sa pertinence dans la psyché, notamment parce que chaque point de l'ombre qui est placé sous la lumière de la conscience ouvre un espace pour qu'une autre composante de la psyché passe dans l'obscurité. A cet égard, Von Franz (2010) ajoute que les archétypes ne peuvent en aucun cas être "tués", mais que leur aspect négatif doit être affronté et re-signifié, afin qu'ils ne réapparaissent plus de la même manière. Mais cet auteur l'affirme : le Diable reviendra toujours, sous d'autres formes et avec d'autres effets sur l'ego, mais il revient.

On peut donc comprendre que les points sombres et démoniaques de la psyché ne cesseront jamais d'exister, mais qu'ils n'auront plus besoin d'exercer une force négative sur l'ego si celui-ci change sa relation avec le pôle sombre et les reconnaît comme inhérents à la personnalité dans son ensemble. Il devient ainsi évident que la perception de démons, de prédateurs et d'autres entités malveillantes dans l'environnement extérieur a un lien direct avec le mal intérieur de chacun, qui est refoulé et abrité dans l'inconscient. La gestion de l'ombre est un élément essentiel pour tout être humain, mais chez les femmes en particulier, ce démon intérieur apparaît non seulement à travers l'ombre, mais aussi à travers une autre "figure intérieure" : l'animus.

Jung a utilisé les termes anima et animus pour désigner les éléments archétypaux opposés qui existent chez les hommes et les femmes. Sanford (2002) élucide ce thème en disant que l'anima correspond à la composante féminine de la personnalité d'un homme, et l'animus à la composante masculine de la personnalité d'une femme. Ce sont les archétypes les plus proches du Soi, c'est pourquoi ils sont super-personnels et appartiennent à l'inconscient collectif. Cependant, il est important de préciser que la dynamique de cet archétype n'est pas traitée de manière aussi fragmentée, l'"anima" étant considérée comme l'âme en général, l'ensemble de l'inconscient d'une personne, qu'elle soit masculine ou féminine, de même que l'animus est également un élément présent dans les deux sexes. Dans ce travail, l'animus sera désigné spécifiquement comme le côté masculin de la femme.

En ce qui concerne l'animus, Sanford (2002) explique qu'il représente une logique masculine intérieure qui se manifeste généralement chez une femme par des jugements, des généralisations, des pensées critiques, etc. Dans sa forme négative, il peut lui ôter sa créativité et l'empêcher de réaliser ses idées, bloquant souvent son côté affectif et sentimental, empêchant les autres de le percevoir et de l'expérimenter. Et parce qu'il est si proche du Moi, archétype central de la personnalité, Von Franz (2010) affirme qu'il y a toujours une vérité collective dans les critiques et les jugements que l'animus impose à la femme qu'il domine, étant quelque chose de plus fort qu'elle, se confondant avec son propre "Moi". Il faut dire que cette imposition de l'animus est dirigée à la fois vers la femme elle-même, qui est torturée par cette entité archétypale qui la rabaisse sans cesse, et vers l'Autre et le monde, où il critique et juge tout et tout le monde, en se plaçant dans une position d'autorité.

Dans un résumé des caractéristiques de l'animus négatif, Von Franz (2010) dit qu'il rend les femmes explosives dans leurs combats, qui sont chargés d'émotion et d'offense, et qu'il les rend enclines à montrer leur pouvoir, leur force, leur énergie masculine à partir de cet archétype. Dans son explication de l'animus dans le livre "O homem e seus simbolos" (2002), l'auteur susmentionné caractérise cet archétype comme une conviction qui, dans sa forme négative, peut transformer même la plus féminine des femmes en une personne froide, inaccessible et inexorable. Le jugement inconscient de l'animus peut même conduire à une insécurité profonde de la femme, qui la paralyse, lui donne un sentiment de vide et bloque ses sentiments (VON FRANZ, 2002).

En complément de Von Franz, Qualls-Corbett (2005) souligne également que lorsque la vitalité fertile du féminin est rendue aride et stérile, l'animus négatif prend le contrôle et l'essence féminine de la femme devient prisonnière de cette force masculine dominatrice, de sorte que son "moi" reconnaît à peine qu'il est subjugué, "possédé" par l'animus, ce qu'il perçoit principalement dans les rêves. Dans ces rêves, la femme est généralement prise au piège, ou poursuivie par un homme sinistre, voire une créature monstrueuse, torturée par un tyran, victime d'une tentative de viol, etc.

On peut donc dire que lorsque la nature féminine est maintenue réprimée, bloquant la sexualité, la vitalité, la créativité et la connexion avec les sentiments d'une femme, elle finit par permettre à l'animus négatif de prendre le pouvoir sur la psyché, de dominer l'ego et d'acquérir un pouvoir extrêmement répressif et néfaste dans la vie d'une femme.

Dans les mythes et les contes de fées, l'animus négatif peut être représenté comme un démon de la mort, un voleur ou un meurtrier. Barbe-Bleue, par exemple, est l'un des plus importants représentants de l'animus négatif dans les contes de fées. Il apparaît comme une force masculine destructrice et meurtrière qui a tué secrètement toutes ses femmes, gardant les squelettes dans une cave fermée à l'aide d'une clé magique - qui dénonçait par une tache de sang fixe que sa femme actuelle l'avait ouverte et l'avait découvert, devenant ainsi la prochaine victime. Il finit par être tué par les frères de sa dernière femme, qui l'interrompent alors qu'il s'apprête à la décapiter, comme il l'a fait pour les autres. Bettelheim (2007) considère ce personnage inventé par Perrault comme le mari le plus animal et le plus terrible des contes de fées.

Selon Von Franz (2002), sous la forme de Barbe Bleue, l'animus personnifie toutes les imaginations semi-conscientes, froides et destructrices qui dominent une femme. Dans son livre "Animus and anima in fairy tales" (1985), Von Franz mentionne à nouveau Barbe-Bleue comme animus négatif, expliquant que la barbe, dans les histoires mythiques, symbolise la conversation inconsciente, irrationnelle et souvent grossière qu'ont les femmes possédées par l'animus.

Selon Qualls-Corbett (2005), la manière de sortir de la possession de l'animus est similaire au travail avec l'ombre : confrontation directe de la femme avec sa Barbe bleue intérieure, reconnaissance en tant qu'entité autonome, différenciée de l'ego, et sauvetage de ce qui a été relégué de la vie consciente, c'est-à-dire de la féminité de la femme.

Von Franz (2010) corrobore cette pensée, en soulignant toutefois que la reconnaissance de l'ombre doit être le premier pas pour sortir de l'assujettissement du moi féminin à l'animus. Cet auteur explique que, de cette manière, la femme prendra conscience de ce qui lui arrive, en apprenant à distinguer ce qu'elle pense elle-même de ce que son animus pense pour elle, afin de le diriger vers sa position fonctionnelle dans la psyché, pour permettre à la femme d'avoir des objectifs et des positions créatives dans la vie.

Dès lors, la femme peut établir une relation saine avec l'aspect positif de l'animus, qui lui apportera des qualités favorables à son développement, telles que l'initiative, l'esprit d'entreprise, le courage, l'honnêteté, l'objectivité et la profondeur spirituelle, puisqu'il s'agit d'un archétype en lien étroit avec le Soi (VON FRANZ, 2002).

> Si elle est bien menée, c'est surtout par la souffrance que les femmes traversent le processus d'individuation ; dans l'inconscient, il semble alors y avoir une agitation de la libido. Si la personne parvient à s'adapter au diable sans être dévorée par lui, il y a un saut dans la conscience (VON FRANZ, 2010, p. 51).

Aborder consciemment les problèmes de l'ombre et de l'animus prend du temps et implique beaucoup de souffrance, que beaucoup de femmes ne sont pas prêtes à affronter et, si elles suivent une thérapie, beaucoup l'abandonnent pendant cette période. Cependant, en ce qui concerne l'expansion de la conscience, bien qu'il n'y ait pas de "fin" ou de bonheur total, il y a la construction d'un "moi" mature capable de discerner les forces négatives provenant de l'inconscient et de les traiter avec les outils appropriés afin de ne pas être submergé ou soumis. Et le contact positif avec l'animus et l'ombre conduit aussi à un soutien conjoint entre l'ego et le Soi, rendant l'individu, et en l'occurrence la femme, plus entière dans sa féminité et mieux consciente d'elle-même.

LA NAÏVETÉ FÉMININE ET L'ARCHÉTYPE DE LA PUELLA

Le manque d'attention des femmes à leur féminité, à leur sexualité, à leur aspect créatif et fécond, ainsi qu'à leur côté sombre, inquiétant et lunaire, implique un déni d'elles-mêmes. Ce déni peut provenir soit de l'encouragement de la société encore très patriarcale dans laquelle nous vivons, soit d'un manque d'ouverture dans le contexte familial pour que le développement d'une femme englobe sa féminité dans son ensemble. Le déni peut également résulter d'un choix conscient de la femme elle-même, dans une attitude qui réprime sa connaissance de soi. De nombreuses autres alternatives pourraient être mentionnées, toutes aussi valables les unes que les autres pour une même personne.

Dans le dictionnaire, le mot "ingénu" signifie innocent, naturel ; dans lequel il n'y a pas d'artifice ; simple ; personne sincère, sans malice (MICHAELIS, 1998). On voit ainsi que la naïveté est valorisée comme la caractéristique d'une personne vraie, sans malice. En effet, il s'agit d'un aspect important de la personnalité de tout individu, qui l'amène à ne pas trop rationaliser les choses et à être ouvert à ce que la vie lui offre. Cependant, chez les femmes en particulier, le danger consiste à maintenir cette position et à devenir ainsi sensible aux pièges de la vie, en se plaçant comme une "proie facile" pour ce que j'appellerai le "Méchant Loup", le prédateur interne qui peut se manifester dans l'environnement externe, selon la véhémence avec laquelle on essaie de le nier.

Estés (1999) affirme avec force que la femme naïve qui s'obstine à rester dans cette position, sans écouter les voix de la sagesse intérieure et extérieure, sera, à un moment donné de sa vie, capturée par son propre ennemi intérieur. Cependant, si elle parvient à se sortir de cette situation, elle deviendra plus perspicace, plus forte et capable de reconnaître avec plus d'habileté le prédateur de son propre psychisme et de s'en défendre.

Cette connaissance, souligne Estés (1999), concerne non seulement les jeunes femmes encore immatures face à la vie, mais aussi les femmes plus âgées qui, d'une certaine manière, ne se sont pas encore éveillées à une perception plus profonde de leur moi intérieur, qui sont encore aussi naïves qu'une fille et qui, parce qu'elles ne reconnaissent pas leur Grand Méchant Loup, subissent les conséquences de sa présence.

L'auteur poursuit en expliquant que la naïveté fait partie du processus de développement naturel de chaque femme. Elle correspond au début de la vie, où le point de vue féminin est très enfantin, puéril, limitant la compréhension émotionnelle de ce qui est caché. C'est cette attitude naïve qui conduit souvent les jeunes femmes à se placer dans des situations confuses qui génèrent des conflits internes et externes (en particulier au sein de la famille). C'est ce qui arrive à la jeune femme dans l'histoire de Barbe-Bleue mentionnée plus haut, où elle se fiance à lui de son plein gré, ne suivant que les plaisirs de son ego et ignorant non seulement l'apparence maléfique de son fiancé, mais aussi les avertissements de ses sœurs aînées, qui n'avaient pas confiance en lui.

Selon Estés (1999), lorsque la jeune femme accepte d'épouser Barbe-Bleue, elle ignore l'aspect meurtrier de sa propre psyché et ne prête pas attention à son intuition, se laissant séduire par la richesse, le confort et les plaisirs généraux que lui offre Barbe-Bleue. Cependant, après s'être mariée, elle découvre que son mari est en fait un terrible meurtrier, qui collectionne les os des épouses décapitées derrière une porte secrète. Selon les propres termes de l'auteur,

> Le problème est que l'ego veut se sentir fantastique, alors que la nostalgie du paradis, combinée à la naïveté, ne nous comble pas, mais fait de nous une cible pour le prédateur (p. 69).

Comme nous l'avons mentionné dans le chapitre précédent, la jeune femme parvient à se sauver grâce à l'aide de ses frères, et aura certainement échappé à cette expérience en perdant une grande partie de sa naïveté et en gagnant en sagesse, devenant ainsi une femme plus avisée. Cependant,

25

Estés (1999) souligne que les femmes ne parviennent pas toujours à sortir de leur polarité naïve, s'obstinant à se lier à des hommes prédateurs. Selon elle, tout se passe comme si les femmes ressentaient une attirance irrésistible pour ce type de relations, dans une sorte de "Barbe-Bleue hypnotique", qui les conduit à répéter des schémas destructeurs et néfastes pour leur santé psychique. Nous verrons plus loin que cette attirance touche aussi le Petit Chaperon Rouge dans sa rencontre avec le Grand Méchant Loup, et les répercussions qui en découlent.

Dans la psychologie jungienne, il est possible d'établir une corrélation entre la polarisation des aspects naïfs et enfantins de la personnalité et l'archétype de la Puer, dont la version féminine latine est appelée Puella. Le *Puer aeternus* est le nom d'un dieu antique qui signifie "jeunesse éternelle". Dans sa version masculine, il désigne un homme qui, dans une relation symbiotique avec sa mère, n'a pas de structure paternelle interne qui le place activement dans le monde, agissant comme un "Peter Pan".

Chez les femmes, Leonard (1998) affirme que la relation symbiotique avec la mère et un probable complexe paternel négatif conduisent l'ego féminin à s'identifier à l'archétype de la Puella. Dans ce cas, la femme se révèle être une personne peu sûre d'elle, instable, à l'ego fragile, qui tente de construire son identité sur la projection des autres sur elle, étant donné que son "moi" le plus fondamental lui est inconnu, dans une remarquable méconnaissance d'elle-même.

Ainsi, en fonction des circonstances extérieures et des personnes avec lesquelles elle entretient des relations, la femme Puella peut revêtir différents aspects : femme sexy et séduisante, fille ou épouse douce, serviable et obéissante, aventurière ou même héroïne. Elle est attachée et dépendante de l'autre personne avec laquelle elle est en relation, lui laissant la responsabilité de ses actes et de ses décisions. Les Puellas vivent dans l'idéalisation d'un avenir parfait, généralement hors de portée. Elles n'ont pas les "pieds sur terre" (LEONARD, 1998).

Le complexe paternel négatif peut amener un ego fragile à développer une identification à l'archétype de la Puella, puisque, selon Kast (1997), le complexe paternel négatif chez la fille amène généralement la femme, dotée d'un animus faible - puisque son père n'a pas servi de miroir pour le développer - à idéaliser son homme idéal, son "prince charmant". En conséquence, elle se met à projeter toute l'image de son masculin intérieur, son animus, sur l'autre, en le survalorisant.

Selon Estés (1999), tant que les femmes seront amenées à croire qu'elles sont vraiment très fragiles et vulnérables aux adversités de la vie, leurs instincts et leurs caractéristiques féminines élémentaires continueront à rester inertes, réprimés et ignorés dans leur importance par la conscience.

La sortie de l'identification à la Puella est identique au travail sur l'animus négatif : il faut d'abord structurer cet ego, le renforcer, puis affronter l'ombre. Ainsi, la femme est censée quitter le rôle de victime et développer son autonomie, en se libérant de l'attachement excessif et de la dépendance à l'égard de l'autre. En s'acceptant elle-même, en reconnaissant son "moi" tel qu'il est et en le valorisant, elle n'aura pas besoin de l'acceptation et de la validation constantes de ceux qui l'entourent. Ainsi, l'innocence et la naïveté de cette femme, qui se voit encore comme une petite fille sans défense, se transformera en une femme plus mûre et plus consciente d'elle-même, dotée de créativité, d'indépendance et de vitalité pour ses actions dans le monde.

Quand on voit la lutte des femmes à travers l'histoire pour être respectées dans leur féminité et pour s'imposer comme des égales en valeur des hommes, on se rend compte à quel point il est rétrograde dans la société d'aujourd'hui qu'une femme reste dans cette position, inconsciente de toute la grandeur du féminin présent dans sa nature.

> Il est important de savoir. C'est une notion qui vient de la connaissance de la vie intérieure. [...] En ce sens, c'est l'**éveil**. C'est la fin de l'innocence.

Être éveillé, c'est être debout et agir, ne pas flotter à la dérive dans les brumes de l'ignorance ou de l'indolence (SINGER, 2002).

Pendant de nombreuses années, les femmes n'ont pas eu le droit de savoir, de s'éveiller. Il s'agissait d'une société strictement patriarcale dans laquelle la domination masculine reléguait les femmes au seul rôle d'épouse et de mère. Par conséquent, la connaissance d'elle-même et de sa féminité est restée à la traîne.

June Singer, auteure jungienne, rapporte dans son livre "The Modern Woman in Search of a Soul" (2002) que lors de sa formation de thérapeute jungienne à Zurich, la littérature manquait d'une compréhension plus fiable des femmes et de ce qu'elles représentent. Cette auteure critique Jung en disant que dans ses essais sur les femmes, il a présenté un point de vue exclusivement masculin, car il faisait partie d'une société encore éminemment masculine, ce qui a influencé même les penseurs les plus éminents de l'époque.

Le mouvement féministe des années 1970 a vu le développement d'une identité féminine collective développée par les femmes elles-mêmes, et non plus imposée par une société dominée par les hommes et par l'attrait des médias. Le concept d'"androgynie" est apparu, mettant en œuvre des valeurs et des comportements qui étaient auparavant considérés comme exclusivement caractéristiques de l'un ou l'autre sexe - les femmes ne se comportaient que d'une certaine manière, et les hommes se voyaient également attribuer leurs propres caractéristiques fixes (SINGER, 2002).

À partir de ce moment, avec l'ouverture de l'idée d'androgynie, Singer (2002) affirme qu'il est devenu possible pour les femmes d'admettre qu'il y avait en elles des attributs masculins que la société avait auparavant découragé d'exprimer, et qui pouvaient désormais être montrés. De même, les hommes ont eu la liberté de reconnaître leurs attributs féminins intérieurs et de les exprimer sans tant de restrictions et de préjugés, ce qui a rendu les gens plus complets et plus conscients d'eux-mêmes.

Après ce bref résumé historique, nous nous rendons compte qu'auparavant, les femmes ne disposaient pas de l'espace nécessaire pour agir avec leur animus positif dans la société, c'est-à-dire avec leur objectivité, leur force, leur *Logos* (l'aspect rationnel de la psyché).

Il fut un temps où la propension de cet animus était valorisée et importante pour le développement du rôle de la femme, mais elle a fini, chez de nombreuses femmes, par prendre une position polarisée dans la psyché et, comme nous l'avons déjà vu dans ce travail, l'inconscient ne permet généralement pas de maintenir longtemps les polarités. L'inverse s'est également produit, certaines femmes n'ayant pas suivi cette avancée, réprimant les dynamiques productives de leur masculin intérieur. Et de ce côté-là aussi, l'inconscient émerge pour revendiquer l'équilibre.

Dans le chapitre suivant, nous examinerons quelques exemples de la façon dont cette dynamique intra-psychique se produit à travers la métaphore des contes de fées, qu'ils soient originaux ou modernes.

IL ÉTAIT UNE FOIS

La rencontre d'une femme avec le mal présent dans son ombre ou avec son animus négatif, son prédateur interne, est souvent métaphorisée dans les mythes et les contes de fées, anciens et modernes, qui sont les films et les personnages de feuilletons d'aujourd'hui. Ces histoires sont destinées à servir de métaphore et de miroir à la femme d'aujourd'hui dans la gestion de ses conflits internes et externes.

A titre d'exemple, nous avons le conte de la Belle et la Bête, qui symbolise clairement l'initiation de la jeune fille, liée à son père, et sa transformation en femme suite à sa rencontre avec un mâle primitif, représentant de son animus. Voyons cela de plus près.

Dans son interprétation du conte, Henderson (2002) souligne que Bela, la plus jeune des quatre sœurs, devient la préférée et la plus aimée de son père en raison de sa gentillesse et de sa dévotion à son égard. En d'autres termes, une jeune fille engagée dans une relation symbiotique et idéalisée avec son père, sans la présence d'une mère dans laquelle elle peut refléter sa féminité naissante. L'absence d'une mère ou d'une autre figure maternelle au début de l'histoire est élémentaire dans les contes où le danger de possession par l'animus sera exposé. Selon Von Franz (2010), lorsque la mère est absente, c'est précisément la fragilité et l'insécurité du féminin, en l'occurrence représenté par la Belle.

Lors de la rencontre avec la Bête, le père de Bela est emprisonné jusqu'à ce qu'elle prenne sa place, devenant ainsi captive de ce mâle menaçant. En d'autres termes, elle ne reste avec la Bête que par amour pour son père, symbolisant ainsi le lien fort qui l'unit à lui. Au début, Bela refusait systématiquement les demandes en mariage de la Bête, car il devait la rendre amoureuse pour briser sa malédiction, mais elle s'autorise ensuite à interagir avec elle et se rend compte que la Bête n'est pas si monstrueuse et sombre.

Selon Henderson (2002), la libération des liens paternels fait sortir la jeune Belle d'une position puérile et naïve pour rencontrer le côté animal et érotique de sa nature. Selon cet auteur, elle se libère, elle libère son ego et son image de l'homme "... des forces répressives qui l'entourent, en prenant conscience de sa capacité à faire confiance à l'amour comme sentiment où la nature et l'esprit s'unissent" (p.138). En acceptant la rencontre avec la Bête, qui représente son masculin primitif, Bela a pu développer son féminin et se détacher de sa relation idéalisée avec son père, "brisant la malédiction" et rendant ce masculin humain et non plus animal et agressif.

Collaborant avec l'analyse de Henderson, Bettelheim (2007) se concentre sur la question de la sortie de la relation œdipienne entre la Belle et son père. Dans l'histoire racontée par cet auteur, il ajoute que son père tombe malade et que la Bête permet à son prisonnier de rentrer chez lui à condition que la visite ne dure pas plus d'une semaine. Ses sœurs, jalouses, parviennent à garder Bela plus longtemps et la Bête est au bord de la mort à cause de la promesse non tenue. Bela retourne alors immédiatement au palais de la Bête, réalise à quel point elle s'est liée à elle et lui dit qu'elle l'aime. Le charme est rompu et la Bête devient un prince. Ils se marient, leur père emménage avec eux et les sœurs deviennent des statues jusqu'à ce qu'elles avouent leurs erreurs.

Au sujet de la maladie des deux personnages masculins de l'histoire, Bettelheim (2007) souligne qu'ils ressentent tous la perte de leur élément féminin et spirituel, représenté par Beauty, lorsqu'ils se trouvent éloignés d'elle. Si elle consacre trop de temps à l'un, l'autre est laissé pour mort, et vice versa. La solution consiste à réconcilier les polarités, à unifier ce qui était isolé. Selon l'auteur, traiter ces deux amours en les opposant l'un à l'autre est une façon immature d'aborder la situation. "En transférant son amour œdipien originel pour son père à son futur mari, Bela donne à son père le type d'affection qui lui est le plus bénéfique" (p. 412), et tous commencent à coexister en parfaite harmonie.

Il s'agit d'un conte qui, par son "happy end", présente la résolution de la domination de l'animus négatif et la transformation de la jeune fille en femme. L'auteur établit même une comparaison entre la Bête et Barbe-Bleue, en soulignant que le comportement de cette dernière correspondait à son apparence terrifiante, alors que la Bête s'est révélée être une créature aussi humaine et belle que la Belle, malgré son apparence menaçante.

Cependant, d'autres histoires montrent les conséquences de la naïveté des femmes, comme dans le Petit Chaperon Rouge, dans la version originale de Charles Perrault.

Selon Michelli (2006), ce conte avait à l'origine une fin tragique, dans laquelle la grand-mère et le petit chaperon étaient dévorés par le grand méchant loup, et il n'y avait pas de bûcheron - qui apparaît dans certains contes comme un chasseur - pour les sauver. Cette modification a été apportée par les frères Grimm afin de rendre le conte présentable aux enfants. Le conte original montre ainsi les conséquences tragiques d'une naïveté excessive.

Dans son interprétation psychologique de l'histoire du Petit Chaperon Rouge, Michelli (2006) souligne l'absence d'animus chez les deux personnages féminins, la grand-mère et le Petit Chaperon Rouge, et le fait qu'aucune figure paternelle n'est mentionnée dans l'histoire. Le masculin n'apparaît que dans la figure du prédateur, le Loup, qui place le féminin comme une proie et non comme un égal, il n'y a donc pas d'altérité entre ces deux composantes. Le Petit Chaperon se montre fragile, immature et doté d'une naïveté préjudiciable à son existence puisque, sur son chemin pour apporter de la nourriture (énergie psychique) à sa grand-mère malade, elle ne se rend pas compte de la méchanceté du Loup qui l'entoure et la trompe, mettant ainsi en péril la vie de l'une et de l'autre.

L'auteur souligne qu'aucune des deux n'a commis de transgression, d'*hybris, et* qu'elles ont pourtant été punies. La grand-mère, archétype de l'expérience, de la sagesse et du Senex, est malade et ne peut rien faire pour aider sa petite-fille ou elle-même. Il s'agit peut-être d'un élément psychique sous-utilisé par la conscience et qui n'est pas actif

et finit donc par "mourir" avant que la nourriture, l'énergie qui lui était envoyée, ne lui parvienne. Et le Petit Chaperon, qui représente un état infantile dépourvu de malice, est détruit par cette force masculine primitive et brutale qu'elle trouve sur son chemin et qu'elle est incapable de combattre.

Bettelheim (2007), en revanche, souligne que le loup est un élément strictement masculin qui suscite la sexualité chez le Petit Chaperon, qui se comporte encore comme une jeune fille sans défense et enfantine. Cet auteur part du point de vue psychanalytique selon lequel la sexualité, lorsqu'elle est éveillée prématurément, devient une expérience régressive, faisant ressortir des contenus inconscients encore primitifs et menaçant donc d'"engloutir" le moi qui l'éveille.

En analysant le titre de l'histoire, "Le petit chaperon rouge", l'auteur susmentionné présente déjà la protagoniste comme une fille qui, non seulement a un petit chapeau, mais qui est aussi trop petite pour porter le rouge de son capuchon (chapeau), une couleur symbolique des émotions intenses, et aussi des émotions sexuelles. Pour réfléchir à la relation entre la naïveté et la force masculine menaçante présente chez les femmes, nous pouvons considérer que le mot "petit" n'a pas seulement un sens infantile, encore en développement avec son corps et sa sexualité, comme le considère Bettelheim, mais aussi comme un féminin encore immature, non préparé à une telle approche du masculin, bien qu'il y soit physiquement prêt.

La connotation sexuelle est évidente dans le conte original de Perrault lorsque le loup s'allonge simplement sur le lit de sa grand-mère, sans se déguiser en elle, et invite le petit chaperon à se déshabiller et à s'allonger avec lui. Le célèbre dialogue sur les oreilles, les yeux et la bouche du loup inclut également l'exclamation de la jeune fille à propos des bras du loup, qui répond qu'ils sont là pour mieux l'étreindre (BETTELHEIM, 2007). À ce stade, une question peut se poser : le Petit Chaperon était-il vraiment si dépourvu de malice, si naïf et innocent, et c'est pour cela qu'il a été dévoré ? Il semble que la naïveté du Petit Chaperon vienne du fait qu'elle a répondu ouvertement à l'attirance qu'elle ressent pour le Grand Méchant Loup, qu'elle ne l'a pas fui quand elle le pouvait et qu'elle s'est laissée conduire aux conséquences ultimes.

À cet égard, il convient de revenir à la citation de Bettelheim (2007) dans l'épigraphe d'introduction de cet ouvrage, où il dit :

> S'il n'y avait pas en nous quelque chose qui apprécie le grand méchant loup, il n'aurait aucun pouvoir sur nous. Il est donc important de comprendre sa nature, mais plus encore de savoir ce qui le rend attirant à nos yeux. Aussi séduisante que soit la naïveté, il est dangereux de rester naïf toute sa vie (p. 239-240).

Ainsi, on peut constater que lorsqu'une femme n'a pas conscience de son prédateur, de sa force négative, cruelle et sinistre, celui-ci peut soit apparaître d'une manière qui l'effraie, la poussant à repousser ce mal, le considérant comme le diable qu'il faut tenir à distance, soit l'attirer d'une manière irrésistible, et elle se retrouve "avalée" par cette force destructrice sans savoir comment y échapper, comme ce fut le cas pour le Petit Chaperon Rouge.

Dans le premier cas, nous pouvons prendre comme exemple ces femmes qui projettent le Mal sur le monde et qui ont peur de vivre, parce qu'elles considèrent que pratiquement tout fait partie des ruses du Diable et, comme nous l'avons vu jusqu'à présent, plus un individu s'éloigne de son contenu intérieur, plus sa projection s'aggrave, se manifestant comme elle peut et de plus en plus fortement à la personne qui la nie. La deuxième situation se produit avec les femmes qui finissent par épouser le vrai Grand Méchant Loup, et bien qu'elles souffrent de violence psychologique et/ou physique, et que toute leur énergie soit aspirée par ce mâle avec lequel elles ont une

34

relation, elles ne peuvent pas s'en éloigner parce qu'elles n'ont pas encore compris la fonction de ce prédateur dans leur vie et dans leur processus d'évolution.

Cependant, l'histoire du Petit Chaperon Rouge a encore une autre version, dans laquelle, après avoir été dévorée par le Loup, elle est sauvée de son ventre et peut alors "renaître", mûrie par l'expérience. C'est la version racontée par les frères Grimm, qui introduisent la figure masculine protectrice et salvatrice du bûcheron (chasseur) qui ouvre le ventre du méchant et sauve le petit chaperon et sa grand-mère. Dans le récit de l'auteur, c'est la jeune fille elle-même qui a l'idée de remplir le ventre du loup de pierres afin que, lorsqu'il se réveillera, il tombe par terre, mort sous le poids de son corps. C'est comme une tâche qu'elle se fixe pour résoudre la situation menaçante dont elle a été sauvée, en surmontant sa faiblesse.

Cette version de l'histoire montre qu'au moment où nous pensons avoir atteint la limite, sans pouvoir nous échapper d'une situation donnée, le Soi nous indique une issue, dans une dynamique d'auto-préservation de la psyché. Selon Jung (1916/2011), la psyché est un système autorégulateur qui s'efforce constamment d'équilibrer des tendances opposées. Ainsi, si une personne adopte un comportement polarisé dans sa conscience, l'inconscient fait ressortir la polarité opposée par le biais de rêves, de fantasmes ou de projections sur l'environnement extérieur afin de corriger ce déséquilibre.

O'Kane (1999), en parlant de la conceptualisation de Jung sur le potentiel d'"auto-guérison" de la psyché, affirme que "l'inconscient sait ce qui est bon pour l'individu" (p. 22), et qu'il appartient à l'ego de se rapporter de la manière la plus favorable aux messages envoyés par le Soi afin de corriger et de compléter l'attitude consciente.

Le Petit Chaperon a donc été amené à vivre cette situation avec le Loup afin de traiter cet aspect de son psychisme dont elle n'avait pas conscience. Si elle reste vulnérable face au contenu menaçant, la fin sera tragique, nous dit

Perrault, mais si elle est ouverte à changer cette situation, l'inconscient l'aidera à revenir à un état sain, nous dit la version de Grimm. Et, selon Bettelheim (2007), après la période passée dans l'obscurité du ventre du loup - représentative de l'immersion dépressive dans son propre inconscient et ses contenus sombres - le Petit Chaperon est projeté à nouveau dans la lumière, maintenant dans un état de conscience plus élevé et conscient que c'est sa nature qui l'a poussé à affronter les adversités auxquelles elle a été confrontée.

Le film "Black Swan", réalisé par Darren Aronofsky, est un conte moderne qui dépeint les répercussions de l'abandon par les femmes de leur position de naïveté et de fragilité face au mal intérieur. L'histoire suit une trame basée sur le conte de fées "Le lac des cygnes" et montre la trajectoire de la ballerine Nina qui prend le rôle d'incarner les protagonistes du conte - les jumelles Odile et Odette, dans le spectacle du même titre.

En ce qui concerne le conte du Lac des Cygnes, Guimarâes (2011) indique qu'Odette est la sœur naïve et romantique qui se transforme en cygne blanc, et Odile est la reine des cygnes, le cygne noir, doté de sensualité, de cruauté et de méchanceté. Toutes deux apparaissent comme des métaphores des polarités inhérentes à la personnalité d'une femme. Dans le film, le personnage de Nina (interprété par Natalie Portman) est une jeune femme qui vit dans une relation symbiotique avec sa mère - une ancienne ballerine frustrée - sans la présence d'aucune figure paternelle. Sa mère la maintient dans l'éternelle position de "gentille fille", ne permettant à aucun aspect de son ombre de se manifester. Par conséquent, Nina conserve tout son éros, sa sexualité, sa compétitivité et son agressivité dans sa polarité sombre.

Ainsi, lorsqu'elle est choisie pour jouer le rôle des deux sœurs du corps de ballet, Nina, qui incarne si parfaitement le cygne blanc, la facette présente dans sa conscience, dans sa personnalité, éprouve de grandes difficultés à faire ressortir son cygne noir, et les hallucinations corporelles commencent.

Au début, elle projette toute son ombre sur sa camarade Lily (jouée par Mila Kunis), puis, lorsque son professeur l'encourage à laisser émerger son autre polarité, Nina non seulement retire sa projection sur Lily, mais incarne également le cygne noir lui-même, en s'identifiant à son ombre.

Dans le cas de ce conte moderne, l'ego de la jeune femme n'était pas assez structuré pour résister à la confrontation avec l'ombre et la psychose s'est installée. Mais Black Swan montre clairement combien il est dangereux pour une femme de rester puérile, naïve et constamment douce, sans reconnaître que sa personnalité va au-delà. En conséquence, il se produit ce qui a été mentionné plus tôt dans le chapitre II, à savoir que le mal intérieur gagne en force et en puissance et parvient à soumettre l'ego, ce qui ne réconcilie pas les polarités opposées, mais les fait simplement s'interchanger.

Cependant, dans le film, Nina a l'occasion de retourner sur le cygne blanc, de faire l'expérience des deux côtés de manière extrême et de conclure : "C'était parfait". En d'autres termes, elle a appris à connaître sa personnalité dans son ensemble et a certainement élargi sa conscience, progressant ainsi dans son processus d'individuation.

Cette polarité entre la "bonne femme" et la "mauvaise femme" est clairement illustrée dans le mythe d'Ève et de Lilith. Pires (2008) souligne que la tradition catholique considère qu'Ève est à l'origine de la chute de l'être humain, car elle s'est laissée séduire par des forces démoniaques et, à partir de là, a tenté l'homme, son compagnon, de faire de même. Lilith, en revanche, est la pleine incarnation de ces forces démoniaques, ayant été la première épouse d'Adam, issue de la même poussière que lui, mais reléguée dans les ombres démoniaques pour avoir rompu avec Dieu.

Dans l'histoire du mythe, Lilith refusait d'être soumise à Adam car elle était issue du même élément terrestre que lui, mais des impuretés de cette poussière. Dieu, cependant, ne permit pas une telle égalité et Lilith devint la reine des démons, déclarant la guerre au Père. On l'appelle Lilith, la Lune noire, le diable féminin, le Léviathan, et elle est associée à la face cachée de la lune, aux profondeurs de la mer et au serpent, qui a expulsé le couple actuel du paradis.

Ainsi, Pires (2008) affirme que Lilith représente le côté sombre du féminin, les impulsions machiavéliques et la sensualité illicite qui sont refoulées de la conscience. Elle est l'incarnation de l'ombre de la femme, qui devient de plus en plus redoutable et dangereuse à mesure que le côté Eve de la femme soumise, dépendante, faible, émotionnelle et maternelle l'emporte et s'impose au pôle conscient. Lilith a été chassée du paradis, expulsée, mais elle a cherché sa force intérieure et est devenue puissante, mais d'une manière destructrice.

Chez une femme inconsciente de cette force grandissante de Lilith en elle, elle peut devenir sexuellement froide, ou aux mœurs légères, hystérique, brutalisée, ce qui l'amène à aliéner les gens autour d'elle, ce qui peut l'amener à devenir physiquement et psychologiquement malade. Lilith n'a pas accepté la limitation d'Eros (le principe de la relation) qui lui a été imposée dans son mariage avec Adam, où elle devait toujours rester en dessous de lui dans la relation sexuelle, c'est pourquoi, dans son aspect positif, elle apporte la possibilité de vivre pleinement l'amour et la sexualité sous toutes ses formes, dans un féminin qui se reconnaît et s'apprécie tel qu'il est (PIRES, 2008).

Quant à Ève, créée à partir de la côte d'Adam, la supériorité de l'homme, qui a "engendré" celle qui allait devenir la première femme du monde, est évidente. Pires (2008) affirme qu'Ève a cherché à sortir de l'inconscience, de l'état paradisiaque, en croquant la pomme et en invitant Adam à faire de même, commettant ainsi sa transgression, son *hybris,* et pour cela ils ont été tous deux punis - mais ils en sont sortis plus conscients d'eux-mêmes et l'un de l'autre.

Cependant, même si elle est à l'origine du péché originel, Ève représente la féminité fidèle, une épouse compagne dont l'épanouissement réside dans le mariage et la maternité. Lilith, en revanche, est caractérisée par la liberté, l'indépendance et une féminité libérée des règles et des préceptes sociaux. Pires (2008) cite Pagels (1992, p. 106-107) qui affirme que "la lumière et l'obscurité, la vie et la mort, la droite et la gauche, sont frères et sœurs. Ils sont inséparables. C'est pourquoi le bon n'est pas bon, ni le mauvais mauvais" (p. 58).

Les récits décrits ici montrent encore plus clairement qu'en ce qui concerne les instances psychiques, il n'est pas possible d'étiqueter ou d'attribuer des valeurs "meilleures" ou "pires" à la personnalité. Le méchant loup ne dévore sans pitié que parce qu'il a été conditionné à le faire ; il a gagné en force, en faim et en autonomie interne grâce aux efforts de l'ego de la femme pour maintenir cet aspect d'elle, son masculin, son animus, hors de la conscience. Il vient alors revendiquer sa présence. Reconnu, analysé et nourri de manière saine et consciente, il perd sa charge maléfique et devient un "partenaire", aidant la femme dans son processus d'individuation. De la même manière, la bête cesse d'être une bête et devient un être humain, un égal, en relation équilibrée avec le côté féminin de la femme.

Tout comme les facettes du féminin présentes dans l'ombre et la lumière peuvent également travailler en partenariat. Une femme n'a pas à choisir entre le Cygne blanc ou le Cygne noir, Lilith ou Eve ; elle peut être les deux, bénéficiant de toute la diversité de la vie qu'ils offrent. Ainsi, le côté destructeur et dangereux de l'ego n'a pas besoin d'apparaître avec suffisamment de force pour le déstabiliser. Les "démons" intérieurs continueront d'exister aussi longtemps que nous vivrons, mais une femme sera son propre héros si elle sait les regarder et montrer sa force, en absorbant ce qu'ils ont de productif et en ne les craignant pas comme quelque chose de plus puissant qu'elle.

CONSIDÉRATIONS FINALES

Ce travail ouvre la possibilité de diverses autres analogies sur la relation entre le mal, la naïveté et les femmes. Principalement dans la perception de ceux-ci dans la dynamique de la vie quotidienne, que ce soit dans la vie personnelle, dans le travail clinique ou dans l'analyse d'un film ou d'un conte de fées.

Selon la théorie présentée, il s'agit d'un processus en constante évolution et, comme toute sortie d'une position stable, il entraîne beaucoup de souffrance et prend du temps. Il faut donc de la patience et du dévouement de la part du thérapeute et des personnes liées à la femme qui se trouve dans cette situation de polarisation d'un aspect de la psyché.

En ce qui concerne les objectifs, je pense avoir atteint ce que je m'étais fixé, en reconnaissant seulement qu'il y avait un manque de théorisation sur la polarisation des femmes dans leur aspect sombre, par opposition à leur naïveté, ainsi qu'en complétant le chapitre sur les femmes contemporaines avec des écrits de femmes actuelles sur le sujet. Il s'agit d'une indication pour de futures études sur la dynamique des femmes, qui est si riche et appelle d'innombrables élaborations académiques sur le sujet.

Une autre suggestion pour une étude plus approfondie serait d'analyser la dynamique de la *coniunctio* dans cette approche des femmes. Pour la psychologie analytique, la *coniunctio est, en* résumé, l'union des opposés masculins et féminins, qui se produit à la fois au niveau intrapsychique et extrapsychique. Il devient ainsi possible d'expliquer de manière archétypale les possibilités de mariage d'une femme avec son masculin intérieur, qu'elle projette sur le monde.

Il faut également préciser que les solutions présentées ici pour l'intégration du mal chez la femme, qu'il s'agisse de l'ombre ou de l'animus, visent à établir une relation d'égalité entre ce moi féminin et sa composante intérieure, et non un simple "échange" de polarités. Aucune notion de mal, de masculinité, de féminité ou de naïveté n'est plus ou moins valorisée, plus ou moins importante pour le psychisme et la dynamique de la femme. Ce qui est extrêmement important, c'est l'équilibre entre les deux, la compréhension que tout est nature humaine et que tout correspond à la personnalité totale.

Se rapprocher de cet équilibre et reconnaître naturellement toutes ses vicissitudes internes, bonnes et mauvaises, fait partie du processus d'individuation, de l'élargissement de la conscience et du chemin vers une identité plus mûre. Avec cet ouvrage, j'espère avoir contribué à une plus grande réflexion sur ce sujet, en encourageant les lectrices à être plus curieuses d'elles-mêmes et de leur mal intérieur, les amenant à mieux le découvrir, ainsi qu'en aidant les hommes à percevoir chez les femmes de leur vie quotidienne ce qui a été théorisé dans cet ouvrage, favorisant leur relation avec elles, que ce soit dans la sphère personnelle ou dans le cadre du travail clinique.

Par curiosité, la morale des contes du Petit Chaperon Rouge et de Barbe Bleue, écrite par l'auteur lui-même, Charles Perrault, est jointe. Il est intéressant de noter les connotations sexuelles qu'il soulève dans les deux contes, réalisant ainsi son intention de mettre en garde les jeunes filles. Cela illustre ce qui a été dit au début de cet article, à savoir qu'un même conte peut être interprété de différentes manières, même si elles sont divergentes ou complémentaires de la vision de l'auteur.

RÉFÉRENCES

BETTELHEIM, Bruno. **La psychanalyse des contes de fées.** Sâo Paulo : Paz e Terra, 2007.

COELHO, Nelly N. **Le conte de fées :** symboles, mythes, archétypes. Sâo Paulo : DCL, 2003.

ESTÉS, Clarissa Pinkola. Les **femmes qui courent avec les loups.** Rio de Janeiro : Rocco, 1994

FRANZ, von Marie L. **L'ombre et le mal dans les contes de fées.** São Paulo : Paulus, 1985.

. **L'interprétation des contes de fées.** São Paulo : Paulus, 1990.

. Le processus d'individuation. In : **L'homme et ses symboles.** JUNG, Carl G. (*et al*). Rio de Janeiro : Nova Fronteira, 2002.

. **Animus et anima dans les contes de fées.** Campinas : Verus, 2010.

FUENTES, Lygia Aride. Le Diable Fascinosum. **Jungian Institute of Rio de Janeiro,** Rio de Janeiro, septembre 1997. Disponible à l'adresse : http://www.jung- rj.com.br/artigos/diabo.htm. Consulté le : 03 août 2011.

GUIMARÂES, C. A. F. Le **cygne noir :** une leçon cinématographique sur le thème de l'éducation à la santé.

Psychologie jungienne. In :

http://oespiritualismoocidental.blogspot.com/2011/02/cisne-negro-uma-aula-cinematografica-de.html. 2011. Consulté le : 16 septembre 2011.

HENDERSON, Joseph L. Ancient myths and modern man. In : **L'homme et ses symboles.** JUNG, C. G. (*et al*). Rio de Janeiro : Nova Fronteira, 2002.

HILMANN, James. **Une recherche intérieure en psychologie et en religion.** 4ª ed. Sâo Paulo : Paulus, 2004.

JUNG, Carl G. **La nature du psychisme.** 1916, OC, v. 8/2. Petrópolis :

Vozes, 2011.

. **Psychologie de l'inconscient**. 1942, OC, v. 7, Petrópolis : Vozes, 1987.

. Les **archétypes et l'inconscient collectif**. 1955, OC, v. 9/1. Petrópolis : Vozes, 2008.

KAST, Verena. **L'anxiété et les moyens de la gérer dans les contes de fées**. São Paulo : Paulus, 2006.

. **Pères et filles, mères et fils**. Sâo Paulo : Loyola, 1997.

LEONARD, Linda S. **La femme blessée : à la** recherche d'une relation responsable entre hommes et femmes. São Paulo : Summus, 1998.

MICHAELIS. **Dictionnaire moderne de la langue portugaise**. São Paulo : Companhia Melhoramentos, 1998.

MICHELLI, Regina Silva. The Journey in Little Red Riding Hood : articulation of discourses and representations in children's literature. In : JOBIM, José Luis et al. Places of discourse. **Xe Congrès international de l'Association brésilienne de littérature comparée**. Rio de Janeiro : ABRALIC, p.1-13. 2006.

O'KANE, Françoise. **L'ombre de Dieu :** réflexions sur la dépression et la dimension religieuse de l'existence. São Paulo : Axis Mundi, 1999.

QUALLS-CORBETT, Nancy. **La prostituée sacrée :** le visage éternel du féminin. 5^a Ed. Sâo Paulo : Paulus, 2005.

PIRES, Valéria F. **Lilith et Eve :** images archétypales des femmes d'aujourd'hui. Sâo Paulo : Summus, 2008.

SANFORD, John A. **Partenaires invisibles : le** masculin et le féminin en chacun de nous. São Paulo : Paulus, 2002.

SILVA, E. L. da ; MENEZES, E. M. **Metodologia da pesquisa e elaboração de dissertaçao.** 4. ed. Florianópolis : UFSC, 2005. Disponible à l'adresse :

43

<http://www.portaldeconhecimentos.org.br/index.php/por/content/view/full/10 232>. Consulté le : 10 août 2011.

SILVEIRA, Nise da. **Jung :** vie et œuvre. Rio de Janeiro : Paz e Terra, 1997.

SINGER, June. **La femme moderne à la recherche de son âme : un** guide jungien du monde visible et du monde invisible. São Paulo : Paulus, 2002.

WHITMONT, E. C. **La recherche du symbole :** concepts de base de la psychologie analytique. São Paulo : Cultrix, 1998.

Référence de l'annexe

PERRAULT, Charles. **Les contes de Perrault**. São Paulo : Paulus, 2005.

ANNEXE

PETIT CHAPEAU ROUGE

Morale

On peut y voir de jeunes enfants,

Surtout les petites filles,

Belle, galbée et douce,

Ils ont beaucoup de mal à écouter les gens, quels qu'ils soient,

Ce qui n'est pas inhabituel,

A tel point que le loup les mange.

Je dis le loup, mais pas tous les loups

Il s'agit de la même espèce ;

L'humour agréable,

Pas de bruit, pas de fiel ni de colère,

Comme c'est docile, complaisant et doux,

Les jeunes filles suivent

Même dans les maisons, même dans les ruelles ;

Mais malheur à celui qui ne sait pas que ces gentils loups, parmi tous les loups, sont les plus dangereux.

BARBE BLEUE

Morale

La curiosité, malgré tous ses attraits,

Cela coûte souvent beaucoup de regrets ;

On en voit des milliers d'exemples chaque jour.

Malgré le sexe, le plaisir est très rapide ;

Dès qu'il est pris, il n'est plus, et il coûte toujours trop cher.

Une autre morale

Quelle que soit la prudence de l'esprit, quelle que soit la connaissance que l'on a des énigmes du monde, on s'aperçoit vite que cette histoire

C'est un conte d'un autre temps ; plus aucun mari n'est aussi terrible, ni ne demande l'impossible, même s'il est mécontent et jaloux. Proche de sa femme, il est considéré comme soumis. Et quelle que soit la couleur de sa barbe, il est difficile de savoir lequel des deux est le maître.

Printed by Books on Demand GmbH, Norderstedt / Germany